도전

나는 천천히 걸어가는 사람입니다. 그러나 뒤로는 가지 않습니다. _에이브러햄 링컨

❖ 의미를 생각하며 천천히 따라서 써 보세요.

	나	는		천	천	히		걸	어	가	는		사	람
입	니	다	.		그	러	나		뒤	로	는		가	지	
않	습	니	다	.											

할 수 없을 것 같은 일을 하라. 실패하라. 그리고 다시 도전하라. _오프라 윈프리

❖ 의미를 생각하며 천천히 따라서 써 보세요.

	할		수		없	을		것		같	은		일	을	∨
하	라	.		실	패	하	라	.		그	리	고		다	시
도	전	하	라	.											

 **독서**

사람은 책을 만들고 책은 사람을 만든다. _신용호

❖ 의미를 생각하며 천천히 따라서 써 보세요.

사	람	은		책	을		만	들	고		책	은	
사	람	을		만	든	다	.						

당신에게 가장 필요한 책은 당신으로
하여금 가장 많이 생각하게 하는 책이다. _마크 트웨인

❖ 의미를 생각하며 천천히 따라서 써 보세요.

당	신	에	게		가	장		필	요	한		책	은	∨
당	신	으	로		하	여	금		가	장		많	이	
생	각	하	게		하	는		책	이	다	.			

 근면 · 성실

아무리 큰 성공을 거두어도 성실한 사람이 아니라면 당신은 절대로 위대한 사람이 아니다. _벤저민 프랭클린

❖ 의미를 생각하며 천천히 따라서 써 보세요.

	아	무	리		큰		성	공	을		거	두	어	도	V
성	실	한		사	람	이		아	니	라	면		당	신	
은		절	대	로		위	대	한		사	람	이		아	
니	다	.													

미래는 현재 우리가 무엇을 하는가에 달려 있다. _마하트마 간디

❖ 의미를 생각하며 천천히 따라서 써 보세요.

	미	래	는		현	재		우	리	가		무	엇	을	V
하	는	가	에		달	려		있	다	.					

나눔·친절

친절한 행동은 아무리 작은 것이라도 결코 헛되지 않다. _이솝

❖ 의미를 생각하며 천천히 따라서 써 보세요.

	친	절	한		행	동	은		아	무	리		작	은	V
것	이	라	도		결	코		헛	되	지		않	다	.	

사람에게는 두 손이 있다. 한 손은 네 자신을 돕는 손이고
다른 한 손은 남을 돕는 손이다. _오드리 헵번

❖ 의미를 생각하며 천천히 따라서 써 보세요.

	사	람	에	게	는		두		손	이		있	다	.
한		손	은		네		자	신	을		돕	는		손
이	고		다	른		한		손	은		남	을		돕
는		손	이	다	.									

 **욕심 · 재산**

너무 많은 것을 가지고 있으면서도 더 많이 탐내는 사람
들은 가난한 거지이다. _에드워드 다이어

❖ 의미를 생각하며 천천히 따라서 써 보세요.

	너	무		많	은		것	을		가	지	고		있
으	면	서	도		더		많	이		탐	내	는		사
람	들	은		가	난	한		거	지	이	다	.		

행복에 이르는 길은 욕심을 채울 때가 아니라 비울 때 열
린다. _에피쿠로스

❖ 의미를 생각하며 천천히 따라서 써 보세요.

	행	복	에		이	르	는		길	은		욕	심	을	∨
채	울		때	가		아	니	라		비	울		때		
열	린	다	.												

 행운 · 행복

행운을 만나면 겸손해지고 불운을 만나면 신중해져라. _페리안드로스

❖ 의미를 생각하며 천천히 따라서 써 보세요.

	행	운	을		만	나	면		겸	손	해	지	고	
불	운	을		만	나	면		신	중	해	져	라	.	

행복은 손에 쥐고 있는 동안에는 항상 작게 보이지만, 놓치고 나면 그것이 얼마나 크고 귀중한 것인지 깨닫는다. _도스토옙스키

❖ 의미를 생각하며 천천히 따라서 써 보세요.

	행	복	은		손	에		쥐	고		있	는		동
안	에	는		항	상		작	게		보	이	지	만	,
놓	치	고		나	면		그	것	이		얼	마	나	
크	고		귀	중	한		것	인	지		깨	닫	는	다 .

정직

정직함보다 더 값진 유산은 없다. _월리엄 셰익스피어

❖ 의미를 생각하며 천천히 따라서 써 보세요.

	정	직	함	보	다		더		값	진		유	산	은	∨
없	다	.													

거짓말쟁이에게 주어지는 가장 큰 벌은 그가 진실을 말했을 때 사람들이 믿지 않는 것이다. 「탈무드」

❖ 의미를 생각하며 천천히 따라서 써 보세요.

	거	짓	말	쟁	이	에	게		주	어	지	는		가
장		큰		벌	은		그	가		진	실	을		말
했	을		때		사	람	들	이		믿	지		않	는	∨
것	이	다	.											

희망

희망은 볼 수 없는 것을 보고, 만질 수 없는 것을 느끼고, 불가능한 것을 이룬다. _헬렌 켈러

❖ 의미를 생각하며 천천히 따라서 써 보세요.

	희	망	은		볼		수		없	는		것	을	
보	고	,		만	질		수		없	는		것	을		느
끼	고	,		불	가	능	한		것	을		이	룬	다	.

인내 · 실패

인내는 쓰다. 그러나 그 열매는 달다. _장 자크 루소

❖ 의미를 생각하며 천천히 따라서 써 보세요.

	인	내	는		쓰	다	.	그	러	나		그		열
매	는		달	다	.									

노력

세상에서 가장 중요한 일들은, 전혀 가망이 없는 것처럼
보이는데도 끝까지 노력하는 사람들에 의해 이루어졌다. _데일 카네기

❖ 의미를 생각하며 천천히 따라서 써 보세요.

	세	상	에	서		가	장		중	요	한		일	들
은	,	전	혀		가	망	이		없	는		것	처	럼	∨
보	이	는	데	도		끝	까	지		노	력	하	는	
사	람	들	에		의	해		이	루	어	졌	다	.	

친구 · 우정

그 사람을 모르거든 친구를 보라. _「사기」

❖ 의미를 생각하며 천천히 따라서 써 보세요.

	그		사	람	을		모	르	거	든		친	구	를	∨
보	라	.													

 바른 생각과 참된 행동

아전인수	我	田	引	水
	나 아	밭 전	끌 인	물 수

자기 논에만 물을 댄다는 뜻으로,
자신의 이익을 먼저 생각하고 행동한다는 의미.

❖ 고사성어의 참뜻을 생각하며 천천히 따라서 써 보세요.

아	전	인	수	我	田	引	水

표리부동	表	裏	不	同
	겉 표	속 리	아니 부	한가지 동

겉과 속이 같지 않다는 뜻으로, 마음이 음흉하여
겉과 속이 다르거나 말과 행동이 다르다는 의미.

❖ 고사성어의 참뜻을 생각하며 천천히 따라서 써 보세요.

표	리	부	동	表	裏	不	同

인내와 노력의 힘

칠전팔기	七	顚	八	起
	일곱 칠	엎드러질 전	여덟 팔	일어날 기

일곱 번 넘어지고 여덟 번 일어난다는 뜻으로,
여러 번 실패하여도 굴하지 않고 꾸준히 노력하는 사람이나
그 모습을 일컫는 말.

❖ 고사성어의 참뜻을 생각하며 천천히 따라서 써 보세요.

칠	전	팔	기	七	顚	八	起

삼고초려	三	顧	草	廬
	석 삼	돌아볼 고	풀 초	농막집 려

중국 초한의 유비가 제갈량을 자기 인재로 쓰기 위해
그가 사는 초가집을 세 번이나 찾아갔다는 데서 유래한 말로,
인재를 맞아들이기 위해 참을성 있게 노력한다는 의미.

❖ 고사성어의 참뜻을 생각하며 천천히 따라서 써 보세요.

삼	고	초	려	三	顧	草	廬

리더십

조령모개	朝	令	暮	改
	아침 조	명령할 령	저물 모	고칠 개

아침에 내린 명령을 저녁에 고친다는 뜻으로,
일관성 없는 정책이나 방침을 꼬집어 이르는 말.

❖ 고사성어의 참뜻을 생각하며 천천히 따라서 써 보세요.

조	령	모	개	朝	令	暮	改

온고지신	溫	故	知	新
	익힐 온	옛 고	알 지	새 신

옛것을 익히고 그것을 통하여 새것을 안다는 뜻으로,
한쪽에만 치우치지 않고 옛것이나 새로운 것을 고루 알아야
다른 사람의 스승이 될 수 있다는 의미.

❖ 고사성어의 참뜻을 생각하며 천천히 따라서 써 보세요.

온	고	지	신	溫	故	知	新

더불어 살아가는 사회

역지사지

易	地	思	之
바꿀 역	처지 지	생각할 사	이 지

남과 처지를 서로 바꾸어 생각한다는 뜻으로,
입장을 바꿔 놓고 다른 사람의 처지에서 생각한다는 의미.

❖ 고사성어의 참뜻을 생각하며 천천히 따라서 써 보세요.

역	지	사	지	易	地	思	之

십시일반

十	匙	一	飯
열 십	숟가락 시	한 일	밥 반

열 사람이 한 숟가락씩 밥을 보태면 한 사람이 먹을 만한
양식이 된다는 뜻으로, 여럿이 힘을 합하면 한 사람쯤은
도와주기 쉽다는 말.

❖ 고사성어의 참뜻을 생각하며 천천히 따라서 써 보세요.

십	시	일	반	十	匙	一	飯

새옹지마	塞	翁	之	馬
	변방 새	늙은이 옹	어조사 지	말 마

변방 노인의 말이라는 뜻으로, 고사에 따르면
인생의 길흉화복은 변화가 많아 예측하기 어렵다는 의미.

❖ 고사성어의 참뜻을 생각하며 천천히 따라서 써 보세요.

새	옹	지	마	塞	翁	之	馬

전화위복	轉	禍	爲	福
	구를 전	재앙 화	할 위	복 복

재앙이 바뀌어 복이 된다는 뜻으로, 좋지 않은 일이 계기가 되어
오히려 좋은 일이 생김을 이르는 말.

❖ 고사성어의 참뜻을 생각하며 천천히 따라서 써 보세요.

전	화	위	복	轉	禍	爲	福

친구 간의 진실한 사귐

수어지교 | 水 魚 之 交
물수 | 물고기 어 | 어조사 지 | 사귈 교

물과 물고기의 관계라는 뜻으로, 서로 떨어질 수 없는
매우 친밀한 사이를 비유적으로 이르는 말.

❖ 고사성어의 참뜻을 생각하며 천천히 따라서 써 보세요.

수	어	지	교	水	魚	之	交

관포지교 | 管 鮑 之 交
피리 관 | 전복 포 | 어조사 지 | 사귈 교

관중과 포숙아의 사귐이라는 뜻으로,
우정이 아주 돈독한 친구 사이를 이르는 말.

❖ 고사성어의 참뜻을 생각하며 천천히 따라서 써 보세요.

관	포	지	교	管	鮑	之	交

즐거운 수업 시간

절차탁마	切	磋	琢	磨
	끊을 절	갈 차	다듬을 탁	갈 마

옥돌을 자르고 갈고 다듬어서 빛을 낸다는 뜻으로,
무엇이든지 열심히 배우고 익혀 수련한다는 의미.

❖ 고사성어의 참뜻을 생각하며 천천히 따라서 써 보세요.

절	차	탁	마	切	磋	琢	磨

형설지공	螢	雪	之	功
	반딧불이 형	눈 설	어조사 지	공 공

반딧불과 하얀 눈빛으로 공을 이루었다는 뜻으로,
가난을 이기고 반딧불과 눈빛으로 글을 읽어 가며
힘들게 공부해서 이룬 성공을 뜻함.

❖ 고사성어의 참뜻을 생각하며 천천히 따라서 써 보세요.

형	설	지	공	螢	雪	之	功

자신만만 학교생활

군계일학	群	鷄	一	鶴
	무리 군	닭 계	한 일	학 학

닭의 무리 가운데 한 마리의 학이라는 뜻으로,
많은 사람 가운데 가장 뛰어난 한 사람을 뜻함.

❖ 고사성어의 참뜻을 생각하며 천천히 따라서 써 보세요.

군	계	일	학	群	鷄	一	鶴

청출어람	靑	出	於	藍
	푸를 청	날 출	어조사 어	쪽 람

쪽에서 뽑아낸 푸른 물감이 쪽빛보다 더 푸르다는 뜻으로,
제자가 스승보다 낫다는 의미.

❖ 고사성어의 참뜻을 생각하며 천천히 따라서 써 보세요.

청	출	어	람	靑	出	於	藍

역사 속에서 찾아보는 고사성어

두문불출

杜	門	不	出
막을 두	문 문	아니 불	날 출

문을 닫고 나가지 않는다는 뜻으로, 집에만 틀어박혀 사회의 일이나 관직에 나아가지 않는다는 의미. 고려 말기의 유신들이 조선 건국에 반대하여 벼슬살이를 거부하고 은거하여 살던 '두문동'에서 비롯된 말.

❖ 고사성어의 참뜻을 생각하며 천천히 따라서 써 보세요.

두	문	불	출	杜	門	不	出

일편단심

一	片	丹	心
한 일	조각 편	붉을 단	마음 심

한 조각의 붉은 마음이라는 뜻으로, 오직 한곳으로 향한 변함없는 마음을 뜻함. 고려 충신 정몽주의 〈단심가〉에 인용된 '일편단심'이 그 대표적인 예.

❖ 고사성어의 참뜻을 생각하며 천천히 따라서 써 보세요.

일	편	단	심	一	片	丹	心

전쟁 이야기 속 고사성어

사면초가	四	面	楚	歌
	넉 사	겉 면	초나라 초	노래 가

사방에서 들려오는 초나라 노래라는 뜻으로, 고사에 따르면
사방이 적에게 포위되어 피할 방법이 전혀 없는
몹시 위태로운 상황을 가리킴.

❖ 고사성어의 참뜻을 생각하며 천천히 따라서 써 보세요.

사	면	초	가	四	面	楚	歌

삼십육계	三	十	六	計
	석 삼	열 십	여섯 육	계책 계

본래 '삼십육계 주위상책'에서 온 말로써 서른여섯 가지의
계책 가운데 도망가는 것이 가장 좋은 책략이라는 뜻으로,
형편이 불리할 때는 달아나는 것이 최상책이라는 의미.

❖ 고사성어의 참뜻을 생각하며 천천히 따라서 써 보세요.

삼	십	육	계	三	十	六	計

필수 속담 따라쓰기

겸손한 태도

벼 이삭은 익을수록 고개를 숙인다.

이삭이 잘 익으면 고개를 숙이듯이, 교양이 있고
훌륭한 사람일수록 교만하지 않고 더욱 겸손하다는 뜻.

❖ 의미를 생각하며 천천히 따라서 써 보세요.

	벼		이	삭	은		익	을	수	록		고	개	를	∨
숙	인	다	.												

개구리 올챙이 적 생각 못 한다.

가난한 사람이 부자가 되어서 곤궁하던 옛날을 생각하지 못하고
처음부터 잘난 것처럼 뽐낼 때 이를 비꼬아 이르는 말.

❖ 의미를 생각하며 천천히 따라서 써 보세요.

	개	구	리		올	챙	이		적		생	각		못	∨
한	다	.													

꾸준한 노력

구르는 돌은 이끼가 안 낀다.

한자리에 머물러 있지 않고 늘 뭔가 생각하고 움직이는
사람에게는 새로운 생각이 떠오르게 된다는 뜻.

❖ 의미를 생각하며 천천히 따라서 써 보세요.

	구	르	는		돌	은		이	끼	가		안		낀
다	.													

낙숫물이 댓돌을 뚫는다.

처마에서 떨어지는 낙숫물에 댓돌이 뚫리듯,
비록 약한 힘이라도 끈질기게 오랫동안 계속 노력하면
무슨 일이든지 안 되는 일이 없다는 뜻.

❖ 의미를 생각하며 천천히 따라서 써 보세요.

| | 낙 | 숫 | 물 | 이 | | 댓 | 돌 | 을 | | 뚫 | 는 | 다 | . | |
| | | | | | | | | | | | | | | |

 리더십

물이 깊어야 고기가 모인다.

덕이 있고 마음이 넓어야 사람이 따른다는 뜻.

❖ 의미를 생각하며 천천히 따라서 써 보세요.

물	이		깊	어	야		고	기	가		모	인	다.

사공이 많으면 배가 산으로 간다.

주관하는 사람 없이 여러 사람이
자기의 주장만 내세우면 일이 제대로 되기 어렵다는 의미.

❖ 의미를 생각하며 천천히 따라서 써 보세요.

사	공	이		많	으	면		배	가		산	으	로	∨
간	다.													

우리 사회의 다양한 모습

가까운 이웃이 먼 친척보다 낫다.

이웃끼리 서로 친하게 지내다 보면 먼 곳에 있는 일가친척보다
더 친하게 되어 서로 도우며 살게 된다는 뜻.

❖ 의미를 생각하며 천천히 따라서 써 보세요.

	가	까	운		이	웃	이		먼		친	척	보	다	V
낫	다	.													

미꾸라지 한 마리가 온 웅덩이를 흐려 놓는다.

한 사람의 좋지 않은 행동이 그 집단 전체나 여러 사람에게
나쁜 영향을 미친다는 뜻. 아무에게나 아첨하는 사람에게도 쓰임.

❖ 의미를 생각하며 천천히 따라서 써 보세요.

	미	꾸	라	지		한		마	리	가		온		웅
덩	이	를		흐	려		놓	는	다	.				

계획과 실천의 중요성

구슬이 서 말이라도 꿰어야 보배

아무리 훌륭하고 좋은 것이라도 다듬고 정리하여
쓸모 있게 만들어 놓아야 값어치가 있다는 말.

❖ 의미를 생각하며 천천히 따라서 써 보세요.

	구	슬	이		서		말	이	라	도		꿰	어	야	∨
보	배														

소 잃고 외양간 고친다.

평상시에 준비를 소홀히 하고 있다가 일이 잘못된 뒤에는
손을 쓰고 뉘우쳐도 소용이 없다는 뜻.

❖ 의미를 생각하며 천천히 따라서 써 보세요.

	소		잃	고		외	양	간		고	친	다	.	

 # 좋은 습관

거짓말은 십 리를 못 간다.

일시적으로 사람을 속일 수는 있지만 오랫동안 시일을 두고
속이지는 못한다는 뜻.

❖ 의미를 생각하며 천천히 따라서 써 보세요.

거	짓	말	은		십		리	를		못		간	다.

게으른 선비 책장 넘기듯

게으른 사람이 일은 안 하고 얼마나 했는지 헤아려 보고,
빨리 그 일에서 벗어나고만 싶어 한다는 말.

❖ 의미를 생각하며 천천히 따라서 써 보세요.

게	으	른		선	비		책	장		넘	기	듯	

지나친 욕심

가는 토끼 잡으려다 잡은 토끼 놓친다.

너무 욕심을 부리면 이미 이룬 일까지 도리어 실패로 돌아간다는 뜻.

❖ 의미를 생각하며 천천히 따라서 써 보세요.

가	는		토	끼		잡	으	려	다		잡	은	
토	끼		놓	친	다	.							

뱁새가 황새 따라가면 다리가 찢어진다.

남을 따라서 제힘에 겨운 일을 억지로 하려다가는
도리어 화를 당하게 된다는 뜻.

❖ 의미를 생각하며 천천히 따라서 써 보세요.

뱁	새	가		황	새		따	라	가	면		다	리
가		찢	어	진	다	.							

지혜로운 생각

말 한마디에 천 냥 빚도 갚는다.

말만 잘하면 어려운 일이나 불가능해 보이는 일도
해결할 수 있다는 말.

❖ 의미를 생각하며 천천히 따라서 써 보세요.

	말		한	마	디	에		천		냥		빚	도	
갚	는	다	.											

호랑이에게 물려 가도 정신만 차리면 산다.

아무리 위급한 경우를 당하더라도 침착하게 대처하면
위기를 벗어날 수 있다는 말.

❖ 의미를 생각하며 천천히 따라서 써 보세요.

	호	랑	이	에	게		물	려		가	도		정	신
만		차	리	면		산	다	.						

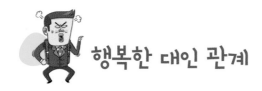

행복한 대인 관계

가는 말이 고와야 오는 말이 곱다.

내가 남에게 말이나 행동을 좋게 해야 남도 내게 좋게 한다는 말.

❖ 의미를 생각하며 천천히 따라서 써 보세요.

	가	는		말	이		고	와	야		오	는		말
이		곱	다	.										

웃는 얼굴에 침 못 뱉는다.

웃는 얼굴로 대하는 사람에게 침을 뱉을 수 없듯이
좋게 대하는 사람에게 나쁘게 대할 수 없다는 말.

❖ 의미를 생각하며 천천히 따라서 써 보세요.

	웃	는		얼	굴	에		침		못		뱉	는	다

행운과 희망

꿩 먹고 알 먹기

한 가지 일을 해서 두 가지 이상의 이익을 얻는다는 뜻.

❖ 의미를 생각하며 천천히 따라서 써 보세요.

	꿩		먹	고		알		먹	기			

호박이 넝쿨째로 굴러떨어졌다.

뜻밖에 좋은 물건을 얻거나 좋은 수가 생겼을 때 하는 말.

❖ 의미를 생각하며 천천히 따라서 써 보세요.

	호	박	이		넝	쿨	째	로		굴	러	떨	어	졌
다	.													

《머리에 쏙쏙! 일등 시리즈》를 읽고
천천히 따라서 쓰며 익히는

명언·고사성어·속담!

큰 소리로 읽고 뜻을 생각하면서
즐겁게 써 보세요.